Culina Mutata

Carl Von Linne

In the interest of creating a more extensive selection of rare historical book reprints, we have chosen to reproduce this title even though it may possibly have occasional imperfections such as missing and blurred pages, missing text, poor pictures, markings, dark backgrounds and other reproduction issues beyond our control. Because this work is culturally important, we have made it available as a part of our commitment to protecting, preserving and promoting the world's literature. Thank you for your understanding.

D. A. G.

CULINA MUTATA,

QUAM,
SUFFRAG. EXPERIENT. FACULT. MEDIC.
IN REGIA ACADEMIA UPSALIENSI,

PRÆSIDE,

VIRO NOBILISSIMO AC EXPERIENTISSIMO

Dn. Doct. CAROLO LINNÆO,

EQUITE DE STELLA POLARI,
S:æ R:æ M:tis ARCHIATRO,
MED. ET BOT. PROFESSORE REG. ET ORD.
ACAD. UPS. HOLMIENS. PETROPOL. BEROL. IMPERIAL.
LONDIN. MONSPEL. TOLOS. FLORENT. SOCIO,

PUBLICÆ CENSURÆ SISTIT

MAGNUS G. ÖSTERMAN,

FIERDHUNDRENSIS.

IN AUDITORIO CAROL. MAJ. D. XVI. NOVEMB.
ANNI MDCCLVII.
H. A. M. C.

UPSALIÆ, Excud. L. M. HÖJER, Reg. Acad. Typogr.

S:Æ R:Æ M:TIS
ARCHIATRO
NOBILISSIMO *atque* EXPERIENTISSIMO,
Dn. Doct. NICOLAO ROSÉN,
EQVITI de STELLA BOREALI splendidissimo,
Nec non Reg. Soc. Scient. Ups. & Acad.
Scient. Stockh. Membro.

VIRO
AMPLISSIMO *nec non* EXPERIENTISSIMO,
Dn. ERICO ELF
Med. Doct. Reg. Colleg. Med. ADSESSORI,
Artis Obstet. PROFESSORI eo Nosoc. Stockholm. Intend.

PATRONIS SUMMA ANIMI

Tantum venerationis, affectus atque pietatis, Vobis
quantum ab eo unquam expectari poterit, qui plu-
Fateor & fatebor, me totum in Vestro esse ære.
qui mihi in tristiori rerum mearum statu adfuistis, & feci-
cumberem. Dum anima spirabo mea venerabundus hoc
vobis, & sospitris candidissimis.

NOBILISSIMORUM & CELEBRATISSIMORUM

Cliens
MAGNUS G.

S:ÆR:Æ M:TIS
MEDICO ORDINARIO
VIRO AMPLISSIMO atque EXPERIENTISSIMO,
Dn. Doct. SAMUELI AURIVILLIO,

Anat. & Med. ad Acad. Ups. PROFESSORI
Reg. & Ord.
Nec non S. R. Scient. Upsal. Membro.

VIRO
AMPLISSIMO atque EXPERIENTISSIMO,
Dn. JOH. BERGSTRAHL,
Med. Doct. Reg. Colleg. Med. ADSESSORI,
ac Classis Reg. Med. Ord.

VENERATIONE COLENDIS.

Patroni optimi! una cum hoc chartaceo munere offero, rima a Vobis accepta beneficia gratissimo colit pectore. Scio, quantum post Deum immortalem Vobis debeam, stis, ut illis, quæ me adflixerunt, malis, penitus ne suc- agnoscam, junctis pro Vestra perenni felicitate precibus,

NOMINUM VESTRORUM

Devotus,
ÖSTERMAN.

KONGL. MAJ:TS
TROTJENARE och LIEUTENANTER,
HÖGÄDLE HERRAR,

Hr. HECTOR J.	Herr GEORG A.
LOFFMAN,	WALTER,
Gunstige Herre.	Min Gunstige Herr Morbroder.

Anfen med gunstigt välbehag, Mine Herrar, att jag till betygan af den vördnad och erkånsamhet, hvarmed jag Eder är tillgifven, tillegnar Eder detta lilla arbete. Tillåten åfven, att jag förfäkrar, att mitt tacksamma hjerta, då all annan vedergellning mig fattas, skal beständigt innom sig sjelf förnöja sig med åtanckan af sin pligt, och jag, med all vördnad framhärda, att vara

Mina GUNSTIGA HERRARS

Ödmiuke tjenare,
MAGNUS G. ÖSTERMAN.

D. D.

§. I.

Quamvis plerique homines, rationem secuti ducem, in cogitando & judicando conspirent; suum tamen cuique arbitrium est singulare, suus cuique gustus, ut vere dici possit: quot capita, tot sensus. In tanta rerum varietate, quam optimus creator homini attente considerandam objecit, aliud huic, aliud illi maxime placet. Sic mihi, ex multis objectorum millibus unum electuro, prae caeteris arisit gustus ille, per quam dissimilis antiquorum & recentiorum in deliciis aestimandis, quem non minus variare intelligo, quam varia sunt hominum ejusdem aevi judicia. Cum vero hoc argumentum latius se defundat, quam, ut brevi dissertatione explanari queat, ea tantum commemorare in animo est, quae ad gustum hominis, & quidem in foro diaetetico, pertinent.

§. II.

Si *Praeparationem ciborum* apud veteres, dapesque ex arte Apicii adornatas, cum cibis, quos coqui magnatum nostro tempore parant, contuleris, tantum certe in his adparet discrimen, quantum inter vestimenta veterum atque hodierna, vel etjam inter hominem larvatum & gallicis ornamentis instructum. Hujus vero in cibis conficiendis discrepantiae non una semper atque eadem datur caussa. Mos, trium ille litterarum tyrannus, heic non suo destituitur suffragio. Indiae & quae aliae sunt regiones dissitae, quas postmodum detexerunt aut saltem

saltem adcuratius visitarunt mortales, varias res antea incognitas advenis, paululum ibi commorantibus, obtulerunt, quæ palato arridentes, atque ideo in Europam redeuntes comitatæ perpetuam humani ingenii mutabilitatem infecerunt, utpote quæ varietatibus delectatur, & omnia experiendo, meliora sæpe invenit, eaque, uti fas est, deterioribus præfert. Ex multis summis labris delibabimus sequentes:

3 Glandes	Seges	15 Lepidium	Armoracia
4 Malva	Spinacia	16 Silphium	Allium
5 Blitum	Atriplex	17 Garum	Encrasicolus
6 Borago	Acetosa	18 Pisces	Carpio
7 Beta alba	Beta rubra	19 Oleum	Butyrum
8 Bulbi	Cepa	20 Mel	Saccharum
9 Sisarum	Pastinaca	21 Mulsa	Vinum
10 Faba	Phaseolus	22 Zythus	Cerevisia
11 Eruca	Dracunculus	23 Medo	Sorbet
12 Apium Petros.	Sellerie	24 Calida	Thea
13 Pepones	Melones	25 Vulva	Gelatina
14 Rhus obson.	Myristica		

§. III.

GLANDES, quæ deciderant e patula Jovis arbore Quercu, priscis, si Scriptoribus & Poëtis antiquissimis credimus, alimento fuerunt, quod satis videtur verisimile, cum ex itinerario Shavii in Africam & Asiam observemus, Africanos etiamnum *Glandes e Quercu vulgari, brevibus pedunculis.* Bauh. histor. I. p. 70. seu eadem varietate, quæ ad Hunneberg nostratium in Westrogothia crescit, sumtas, assare atque comedere, quippe quæ, ut cæteri etiam fructus in australioribus terris multo sunt majores & dulciores, quam in nostris. Postquam vero Ceres, aut alius quisquam immortalis venerationis atque memoriæ, FRUMENTA hominibus detexit, glandes tandem, ceu amaræ, spernebantur.

§. IV.

§. IV.

MALVA veteribus inter communissimos erat cibos, sed, quæ jam non amplius in mensis nostris comparet. Priscis, qui, a mollitia longius remoti, durioribus utebantur cibis, graviores vero sustinebant labores, necessarium fuit interdum alimentum quoddam emolliens, ut alvum servarent apertam. Unde *Martialis*

Exoneraturas ventrem
mihi villica malvas attulit.

Ad quam autem speciem Folium hoc Malvæ sanctissimum Pytagoræ referri debeat, meum non est determinare. Etenim omnes fere plantæ ordinis Malvacei eadem sunt virtute præditæ; Probabile est fuisse *Alceam roseam* secundum *Casp. Bauhin. pinace* 215, quæ quotannis in nostris hortis seritur, sed cujus tamen ne folium quidem hodie decerpitur in usus culinarios. SPINACIA *oleracea*, herba veteribus ignota, statim post redditam scientiis lucem & dispersas barbariei nubes in culinis tam frequens fuit, quam Malva ibidem conspici desierat. Et rationem quidem haud difficulter invenimus, cur Malvæ folia Spinaciæ cedere cogerentur. Hæc enim mollior est atque magis insipida, & tenui prorsus caret tomento, quod in Malva saporem non gratissimum lingvæ conciliabat. Satis perquisiverunt Botanici, unde hæc Spinacia venerit, eamque nec in Europa, nec in Indiis invenerunt; usque dum ultimis jam temporibus terræ Orientales, Tartaria & adjacentes regiones fuere peragratæ; In his vero reperta est sponte crescere cum Artemisia Dracunculo & Atriplice hortensi, quæ veteribus æque ignotæ, sub ipsa barbarie huc immigrarunt, quando Gothi, testantibus historicis, Tartariam egressi, Italiam inundantes sedem sibi eligebant; nihil enim ad fidem propius est, quam quod hi herbas gratiores & sapidiores ex solo natali sibi comparaverint.

§. V.

BLITUM veteribus æque ac Beta & Malva frequens fuit, sed in nostris jam mensis aut hortis non conspicitur, nisi forte in Hispania; estque vegetabile hoc valde obscurum, ut non sine difficultate sciamus, quodnam sit, nempe *Amarantus albus*. ATRIPLEX autem *hortensis* huic successit. Probe scio veteres in culinis suis Atriplicem quandam habuisse, sed quæ ab Atriplice nostra hortensi omnino discrepat. Folia hujus in oleribus & jusculis tantopere adamata, Bliti foliis præripuerunt palmam, quippe quæ adeo erant insipida & fatua, ut fœminam, alacritate, forma & omni lepore destitutam, inde vocarent Bliteam. Nova hæc Atriplex singularem vim obtinuit per aliam herbam, quæ veteribus fuit ignota, sed in nostris jam culinis usitata, SCANDIX *odorata* vocatur, cujus folia huic admixta, aneti saporem præbent.

§. VI.

BORAGO a veteribus tantopere in esculentis adamata, tam quam cordiale optimum, sed perperam, credebant, adeo jam nostris stomachis displicet, ut quamvis sponte instar lolli in hortis crescat, a coquo tamen intacta relinquitur, nisi forte corollas inde sumat ad exornandas, non vero condiendas patinas. Et si quis negat Boraginem veterum esse eandem, quæ jam eodem insignitur nomine, sed potius *Anchusam* quandam, neque illa jam in usu est, nisi quod infima plebs verno tempore folia nonnulla decerpat oleribus commiscenda. Verum hodie frequens in hortis herba est RUMEX *Acetosa, Alpina, Ruthenica* aut *Hispanica* dicta, quæ ad embemmata quotidie cum butyro & ovis parata adhibetur, quod novitium est inventum in culina, quamvis apud Lappones & Samogedas antiquissimum.

§. VII.

BETA *vulgaris seu Beta alba vel pallescens*. C. Bauh. pin.

pin. 118. veteribus æque fuit in cuisinis frequentata, ob eandem fere rationem, ac Malva, hinc *pigro ventri non inutiles Betas*, Martialis nominat. Jam vero mensis nostris raro imponitur, cum saporem per se non habeat, sed multorum aromatum accessionibus indigeat. Unde etiam Martialis

Ut sapiant fatuæ fabrorum prandia Betæ
O quam sæpe petit vina piperque coquus.

Et hanc ob caussam non nisi a coquis magnatum præparatur, qui multis aromatibus cibo per se insipido saporem conciliare norunt. Nos vero BETAM habemus, quæ veteribus non fuit cognita, nempe *rubram, radice rapæ*. Bauh. pin. 118. cujus non folia, ut prioris, sed radicem adhibemus, quæ acidum aceti exsorbet, stomachum reficit, & friabilitate, non minus, quam colore sese commendat.

§. VIII.

BULBI veterum adeo facti sunt ignobiles, ut conjectura vix determinare audeamus, quinam fuerint a Romanis antiquis tantopere usitati. Sed nos vicissim ASPARAGOS *altiles* melius, quam illi solebant, producere edocti sumus. Hi sapore bulbos antecellunt, virtute autem fere exæquant vim, Bulbis antiquorum testimoniis vindicatam.

§. IX.

Sium SISARUM eam a veteribus adprobationem meruit, ut *Tiberius Princeps illud flagitaret omnibus annis a germania; Geldeba apellatur castellum rheno impositum, ubi generositas præcipua*, teste *Plinio*. Non sine caussa miramur, cur radix, tam facili opera in hortis nostris plantanda, tamque dulcis & sapida, ut parem vix agnoscat, tantam apud nos desuetudinem sentiat, ut in paucissimis hortis compareat, sed contra PASTINACA *sativa*, quæ apud veteres nullum præstabat usum, quam-

quamvis in Europa sponte crescat, invaluerit, ut omnium fere sit communissima; forte ideo, quod major sit, magisque sufficiens, nec non faciliori opera purgabilis.

§. X.

FABA veterum seu *Nymphæa* longe alia erat planta, quam quæ nobis faba vocatur. Græci, imprimis veteres hujus in aquis repertæ semina libenter comedebant; sed videbant prudentiores non optimum hoc esse alimentum, cum venerem extinguat: Nos eam nec plantare possumus, nec dignam habemus, quæ transportetur, cum fabam contrario effectu detexerit sequior ætas, flatulentam & per consequens veneri amicam, PHASEOLUM loquor vulgarem ex India oriundam, & veteribus certe in culinaribus ignotam. Frigoris quidem impatiens est, sed uberem tamen apud nos habet fructificationem.

§. XI.

ERUCA (*Brassica Eruca*) veteribus in cibariis adeo fuit frequens, ut acetariis cunctis admisceretur, ceu quæ venerem in tantum excitare credita fuit, quantum eandem Lactuca suffocaret. Unde Martiali dicitur, *venerem revocans Eruca morantem*. Jam vero ita in desvetudinem venit, ut in nullo seratur horto, sed ejus loco sumimus herbam veterum culinis insolitam, nempe NASTURTIUM seu *Lepidium sativum*, cujus folia lactucæ adjungimus, vel etjam folia *Artemisiæ Dracunculi*, priscis ne nomine quidem notæ. Folia enim Erucæ hircinum fere odorem habent, suntque ad superficiem fere scabra, atque adeo ad rem culinariam multo ineptiora foliis Erucæ nominatis.

§. XII.

APIUM veterum idem est, quod Botanici vocant Apium *Petroselinum*, quod suam adhuc in culina retinet præstantiam. Sed hujus speciei alia jam regnat varietas, *Apium nempe hortense latifolium, maxima crassissima stirpi & dulci radice. Boerh. lugd. 1. p. 58.* (rot-persilja)

quæ

quæ noftro quidem tempore orta, fed qua originem tamen huc usque ignota, æque ac cæteræ varietates rerum culinariarum, ut Foeniculum fafelatum, Beta radice rapæ, Braffica felenicia, & quæ funt plures. *Apium graveolens*, CELLERIE Italorum, culinam fequioribus temporibus intravit, condimentum tamen cibi magis, quam alimentum. Hoc fi cognoviffent veteres, potiori jure, quam prius illud, defunctorum feralibus epulis dicaffent, hoc enim pofterius ex tetra planta aquatica, quæ ficciori loco male olentem qualitatem, maxima ex parte exuit, meliori cultu eft emendata, fed non nihil tamen retinet, illis utique noxium, qui debilitate laborant nervorum.

§. XIII.

PEPONES, quibus frequenter ufa fuit antiquior ætas, etiamnum quidem in auftralioribus terris comeduntur, fed fatui admotum funt, eamque ob rem, plebis plerumque fercula. At guftus delicatior in MELONIBUS colendis majorem infumfit operam, qui fine additamentis aliorum aromatum, cibum per fe præbent delicatiffimum.

§. XIV.

RHUS *obfoniorum*, feu fructus *Rhois coriariæ*, veteribus condimentum ciborum fuit quotidie obvium, fed cujus jam in culinis nulla comparent veftigia, poftquam *Nucis* MYRISTICÆ, quam India nobis mittit, ufus ubique increbuit, cui præterea eadem vis ineft auftera, adftringens & corroborans, & in fuper qualitas quædam fragrans, quæ eam multo reddit gratiorem.

§. XV.

LEPIDIUM *latifolium* (Bitterfaltfo) veteribus condimentum erat, carnibus coctis apponendis idoneum, atque ipfe agnus Pafchalis Judæorum cum amaro hoc falfamento erat comedendus. Sed quamvis facili negotio apud nos crefcat, deferitur tamen omnino, ejusque loco

radix

radix Cochleariæ ARMORACIÆ frequentem obtinuit usum. Hæc instar foliorum Lepidii adhibetur, cum hæc, bene contrita, longe sit suavior & tenerior.

§. XVI.

SILPHIUM seu *Succus* CYRENAICUS veterum, qui apud veteres tanto erat pretio, ut a Romanis ceu condimentum prætiosissimum emeretur, per bella Asiatica, utpote a Persia usque & terra Mogolis asportandus, ita in desvetudinem venit, ut nemo eum postea desideraret, quin & ars eo vescendi in Europa oblivioni fuit tradita, doctam enim gulam requirebat. At vero Indis etiamnum est in usu; illustriores enim succo hoc Cyrenaico suas illinunt quadras, carnibus & variis piscium generibus vescituri, ut delicatissimum illis saporem conciliant. Pauperes vero, succum adeo sumtuosum sibi parare non valentes, Allio contento esse coguntur. Est vero succus Cyrenaicus, nihil nisi *Assa fœtida*, cujus odor nobis tantopere est abominabilis, etsi ne quinquagesimam quidem habeat ejus fœtoris partem, quæ in virente percipitur. Nos vero ALLIIS utimur, maxime nationes nonnullæ, & imprimis Romano Catholici & Turcæ, quibus ita est in deliciis, ut infantibus suis præmandant. Major vero pars nostratium tam docto nondum utitur palato, ut allia facile ipsis arrideant. *Allium* autem, quod *Cepa Ægyptiorum radice rapa*, magnitudine omnium in suo genere præstantissimum est. Assum enim aut coctum volatile suum maxima ex parte deponit, friabile est gratisque saporis. Hujus tandem semina haud ita pridem ex Russia introduci & in hortis magnatum seri cœpta sunt.

§. XVII.

GARUM illud sociorum, *pretiosa malorum piscium sanies Senecæ*, quod ad carnes veterum tam usitatum erat, quam apud Turcas hodie, præparabatur ex intestinis piscium, imprimis Scombri, quæ probe salsata vasis includebantur

debantur, usque dum in liquamen essent soluta, sed ignorari omnino a nostratibus coepit, postquam Clupeam ENCRASICOLUM dictam, salemarino saturatam, sub nomine *Enjovis*, eundem praestare effectum, sed multo puriori praeparatione & sapore, didicimus.

§. XVIII.

PISCES veterum delicati, quos tantopere laudabant, tanta servabant cura in suis Piscinis, tantis coemebant sumtibus, etjam ex longinquis locis, *Lupum* loquor *marinum*, inter duos pontes Romae captum; *Muraenam*, cui damnata mancipia in vivariis objecit Pollio, *Acipenserem*, qui tibiis & coronatis ministris inferebatur in triclinium; *Scarum* ultimis ab oris attractum; *Mullum* praetiosissimum, quo ex spirante nihil formosius; *Anguillam*, coenarum Helenam; *Auratam*; *Julin*, aliosque pisces, apud nos partim sua amiserunt praetia, partim difficilius comparantur. Nos eorum loco *Cyprinum*, CARPIONEM in deliciis ponimus, nec vero PERCAM *fluviatilem*, more Hollandico Praeparatam, vivam fere aquae ferventi & sale conditae cum Petroselini radicibus & foliis immissam, postmodum patinae cum calido suo jusculo (Sauce) impositam, cum pane dulci & fermentato, adjecto large Butyro recenti, comedendam, aspernamur.

§. XIX.

OLEUM apud veteres frequenti admodum erat in usu, qui adhuc ab Europeis australioribus continuatur. Nos illud parce omnino consumimus, cum loco olei vegitabilis ab oliva expressi, oleo utamur lactis e bovibus, seu BUTYRO, quod antiquis adeo incognitum fuit, ac nobis jam est frequentissimum.

§. XX.

MEL, quo veteres suas edulcorabant dapes, quodque ad potiones gratas conficiendas adhibebant, unde Meda majorum nostrorum erat praepata, SACCHARO, post aucta cum Indis commercia, ita exclusum est, ut melle tam

tam parce utantur culinae nostrae, quam Saccharo luxuriant.

§. XXI.

MULSA, consuetum genus potionis apud veteres prorsus cessit vino, postquam mercatura, VINA cujuscunque generis asportans, *mulsam* antiquam nostratium ita exterminavit, ut pauci admodum veram Mulsae conficiendi rationem teneant.

§. XXII.

ZYTHUS, potus apud antiquos communis, ignotus vero nobis, qui ejus loco CEREVISIAM habemus lupulo conditam, atque adeo durabiliorem. Usum enim humuli in potu prorsus ignorabant veteres, immo vix herbae hujus ibi inveniuntur vestigia, quamvis nostro tempore in Europa humulus sit frequentissimus.

§. XXIII.

MEDO, veterum & septentrionalium potus, jam fere in totum est abrogatus. Contra Matronae nobiliores recentiori aevo potionem conficere didicerunt, gustui suo delicato adcommodatam, quam Aquam dicunt *passularum*, nec a SORBETO orientalium & Aegyptiorum differt, cujus praeparatio pro cujusque gustu variat.

§. XXIV.

CALIDA vendebantur prisco aevo in cauponis seu thermopoliis cum vel sine vino, unde *Plautus* homines commemorat; *quos semper videas libenter esse in thermopolio.* Ex Dione Cassio constat, *Cajum Caligulam*, cauponem quendam interfecisse, quod per dies funeris Drusillae sororis aquam calidam vendidisset, & imperator *Claudius* subvertebat Romae haec thermopolia. Haec igitur non amplius invenimus, sed aliis tamen non minus large eorum loco utimur, cum in nostris thermopoliis infusum THEAE singulis diebus propinetur.

§. XXV.

Singulas autem veterum delicias, instituta cum recentioribus comparatione, persequi, angustia chartae non permit-

permittit. Suis illi dapibus opiparis delectabantur, nostræ nobis placent; eorum saginati *Catuli lactantes*, VULVA & Sumina, salivam nobis non movent, eorumque usus cum suis authoribus esse cessavit; contra ea, nobis nostræ sunt deliciæ, in quibus seu præstantissimas nominare debeo GELATINA nostras, veteribus ne nomine quidem notas, quæ adeo delicatæ sunt, adeo nutrientes atque salutares, ut ab omnibus fere corporum constitutionibus, & quod majus est, in omnibus morbis consumi possint; minimam sane naturæ vim postulant, ut in alimentum abeant, ita ut viscera chylopoietica sub earum usu otientur, modo vasa lactea eas exsorbeant, inque massam sanguineam introducant.

§. XXVI.

Vidimus igitur magnam commutationem in culina factam, & quam mensis nostris fercula imponantur discrepantia ab illis, quæ parabant veteres. Non tamen contendimus, omnem cibum a veteribus usitatum, ab hodiernis rejici. Complures enim veterum retinemus dapes, quæ neglectum non admittunt. Etiamnum in culinis nostris, carnium *elixationes* (*kokning*) *Assationes* (*stekning*) *frixationes* (*stufning*) instituuntur. Habemus veterum *Tomaculas* (*lefverkorfvar*) *Botulos* (*blodkorfvar*) *Iscicia* (*backmat*) *Offulas* (*fricadeller*) *Porcos trojanos* (*fylda grifar*) *Anseres durateos* (*fylda gåss*) *Jus spartanorum* (*svartsåd*) imo *Placentas* (*pannekakor*) & *Tortas* (*tortor*). Et e lacte nobis frequens est veterum *Melca* (*filbunke*) *Oxygala* (*gåsen-mjölck*) *Aphrogala* (*snö-mos*) sed nostrum & Anglorum quotidianum *Possetum* (*öhlost*) ipsis adeo ignotum erat, atque adhuc est plerisque Europæ partibus. Indiæ ultimis hisce temporibus peragratæ, exoticis Aromatibus culinas nostras ita appleverunt, ut Apicius eas ingressurus novum putaret esse orbem: *Piper, Zingiber, Cardamomum, Cinamomum, Myristica*, & quæ plures sunt species ita invaluerunt, ut aromata pluris jam constent,

quam

quam ipse cibus, & coquus noster aromatibus tantum, ferculum præstantissimum, etiam ex dedolamentis asserum, se parare posse, confidit. Ut de *Saccharo* nihil dicam, cujus in culinis, jam freqventior usus est, quam salis, adeo ut si accederet Plinius, pro eo, quod dixerat, *sale & sole*, jam diceret: *Saccharo & sole nihil utilius*. Sed quem hæc omnia nobis præstant usum? Calida certe aromata senium accelerant, & plurima illa Saccharata fibras tenuiores ac debiliorem texturam corporis humani. Indis quoque debemus *Theam*, *Coffeam* & *Cocholadam*, Amaricanis vero præcipue *Tabacum* illud venenosum, quo totus infectus est orbis. Nobis vero ipsis acceptum referamus *Spiritum vini s. frumenti*, & plurima *Vinorum* genera, quæ in tantum excreverunt numerum, ut integro collegio privatissimo opus sit, ut quis gulam obtineat doctissimam, ad has species earumque vires dignoscendas. Repositoria nostra tot jam splendent vasis *murrhinis* ex China adductis, non tantum potionibus *Theæ* & *Coffeæ*, sed ipsi etiam apparatui ciborum adcommodatis. Apparatus item argenteus sese offert ex *Cantharis* pro thea & coffeæ, Ahenis, Poculis pro lacte, Vasis ablutoriis (*Skölgkannor*) ut patinas gallico nomine, *Plat de menage* dictas; taceam, quæ tantum sane constant, quantum Verua veterum argentea; & quamvis nostris conviviis non *totos apros* assatos singulis personis adponamus, eam tamen ferculorum multitudinem adhibemus, ut ars coquinaria Magnatum hoc tempore maximam requirat experientiam, ut in hac eruditus quisquam evadat, & qui editi sunt libri coquinarii non minimam efficiunt Bibliothecam.

Nec satis est ars ipsa coquo servire palato,
Sed Coqvus Domini debet habere gulam.
                              Martial. XIV. 220.